Das Flötenbärchen

Eine gefühlvolle Freundschaftsgeschichte

Erzählt und gemalt von Gerda Muller
Deutsche Textfassung von Hans Manz

Otto Maier Ravensburg

Das ist das Bärchen mit seiner Flöte.
Es trägt sie immer um den Hals,
selbst wenn es schläft.

Bärchen wohnte mit seiner Mutter
in der Wurzelhöhle einer umgestürzten Tanne.
Eines Morgens war die Mutter ausgegangen, um Pilze zu suchen.

Dabei wurde sie von Jägern
getötet und fortgetragen.
Bärchen weinte und weinte.

Am Abend erschien Weißamsel.
Sie war eine Fee in Vogelgestalt.
„Ich weiß, was dich traurig macht",
sprach sie, „ich will dir helfen.
Ich schenke dir eine Zauberflöte."

„Eine Zauberflöte? Wie geht sie
denn?" schluchzte Bärchen.
„Wenn du ein großes Tier siehst,
das dich packen will, dann blas in
die Flöte und denke:
kleiner... und kleiner... und
kleiner. Schwups wird das große
Tier klein.
Willst du's ausprobieren?"

„Ja gleich!“ sagte Bärchen.
Bärchen blies und dachte:
kleiner... und kleiner...
und kleiner,
und die Flöte spielte so:

Weißamsel schnurrte zusammen,

war auf einmal ganz winzig.
Sie sprach: „So, nun laß mich
wieder wachsen. Spiel wieder und
denke: größer... und
größer... und größer.
Jetzt spielte die Flöte so:

Weißamsel wurde größer und:
„Halt!“ schrie Bärchen,
„das geht zu schnell!“

Weißamsel war wieder so groß
wie früher.
Sie sagte:
„Ich laß dich allein,
nun kannst du dir selber helfen.

Wenn du einmal erwachsen bist,
hol ich die Flöte wieder ab.“
Weißamsel flog davon.
„Danke, vielen Dank!“ rief
Bärchen hinter ihr her.

Es war gegen Abend.
Als Bärchen ein Feuer unter dem Topf anmachen wollte, hörte er Schritte. Der Igel und der Siebenschläfer kamen des Wegs.
„Kommst du mit uns?“ fragte der Igel.

„Wir wollen Brombeeren sammeln."
„Nicht weit von hier", krähte der Siebenschläfer, „ist eine Hecke mit zuckersüßen Beeren."
„Gern. Gute Idee! Aber wartet, ich hole rasch den Pflücksack."

Die drei Freunde machten sich auf den Weg.
Der Siebenschläfer fragte:
„Dieses Röhrchen mit den vielen Löchern,
das du um den Hals trägst – was ist das?"
„Oh, das ist eine Zauberflöte. Aber nur ich
darf ihr Geheimnis kennen."
„Ist es ein gutes Geheimnis oder ein böses?" fragte
der Igel.
„Es ist ein gutes, das mich beschützt", sagte Bärchen.
„Komisch, sehr komisch", sprach der Igel.
„Ich bin so neugierig. Könntest du nicht … ich meine …
nur ein bißchen verraten …"
„Nein, niemals!" rief Bärchen, „guckt lieber nach vorn."

Da war die Hecke. Der Siebenschläfer kletterte
in die obersten Zweige.
Bärchen steckte sich so viele Beeren in den Mund
wie nur möglich. Und der Igel füllte zuerst die Kiepe
und dann seinen Bauch.

Auf dem Heimweg erzählten sie sich
lustige Geschichten.
Sie waren glücklich, beisammen zu sein.
Aber daß der Wolf hinter den Büschen lauerte,
das wußten sie nicht.

Plötzlich ein Lärm!
Die Freunde erschraken. Schon hatte der Wolf den Siebenschläfer gepackt und trug ihn in der Schnauze davon.
Aber Bärchen ergriff ihn am Schwanz.
Der Siebenschläfer zappelte zwischen den Zähnen und schrie:
„Laß mich los, großes Biest, laß mich los!“

Da mußte der Wolf seine Beute ein bißchen
loslassen.
Der Igel brüllte:
„Warte nur, böser Wolf! Bärchen ist stärker als du.
Er hat keine Angst vor dir.
Hör nur, wie er spielt!“
Der Wolf blieb stehen, horchte auf die Töne,
die immer tiefer und tiefer wurden. So: 

Und so: 

Der Wolf mußte zuerst laut lachen:
Ha, ha, ha!
und ließ vor lauter Lachen
den Siebenschläfer fallen.
Der war gerettet.
Uff!

Dann kam sich der Wolf
so merkwürdig vor.
Er rief:
„He, was geschieht mir da?
Hör auf mit deiner
scheußlichen Musik!“
Zu spät. Der Wolf war kleiner
und kleiner geworden.
Er fühlte sich miserabel.
„Hu, hu!“ heulte er und zitterte.
„Ich habe Angst!“

„Jetzt weinst du und fürchtest dich! So geht es,
wenn man uns fressen will“, schimpfte Bärchen.
„Schniff... schniff“, schluchzte der Wolf.
„Ich hasse deine Flöte. Sie bringt nur Unglück.
Du wirst mich doch nicht so klein lassen wollen.
Ich habe nichts Böses getan,
ich war nur ein bißchen hungrig.“
„Ich lasse dich wieder wachsen, ja. Aber nur,
wenn du versprichst, nachher abzuhauen. Sofort.
Und ein für allemal. Sonst mach ich dich noch
so klein wie eine Maus!“
„Hi, hi! Das möchte ich sehen“, piepste eine Maus
hinter dem Farn.
„Also“, fragte der Siebenschläfer, „versprichst du's?“
„Nun... nun gut! Schon versprochen“, sagte der Wolf.

Bärchen setzte sich ruhig ins Gras,
nahm die Flöte, dachte:
größer… und größer… und größer
und spielte: ta ta ta ta ta

Und der Wolf wuchs… und wuchs
… und wuchs…

„Langsam, Bärchen, langsam“,
flüsterte der Igel, „nicht,
daß er noch größer wird
als zuvor.“

Endlich, als der Wolf
seine richtige Größe hatte,
drehte er sich
mit einem Satz um,
und…

…floh in den Wald hinein.
„Vergiß dein Versprechen nicht!“ mahnte der Igel.
„Laß dich nie mehr blicken!“ schrie der Siebenschläfer.
Und als er weit weg war, seufzte der Igel tief auf:
„Dein Röhrchen kann wirklich zaubern.“
„O ja, es hat uns alle gerettet“, sagte Bärchen.
Die Mäuse fingen an zu tanzen,
und der Siebenschläfer sang:

„Ich, auch ich.
Und Bärchen hier
und der Igel dort,
noch leben wir,
und der Wolf ist fort!“

„Und jetzt ein Fest!“ rief Bärchen.
„Kommt in mein Haus. Da gibt es viel zu essen.“
Was für ein schönes Fest!
Der Igel jonglierte mit ein paar Nüssen.
Bärchen erzählte eine Geschichte,
die er von der Mutter gehört hatte.
Und der Siebenschläfer machte vor, wie er sich für den
Winterschlaf einrollt, um sieben Monate zu schlafen.
Und die Mäuse?
Die waren in Bärchens Bett längst eingeschlafen.

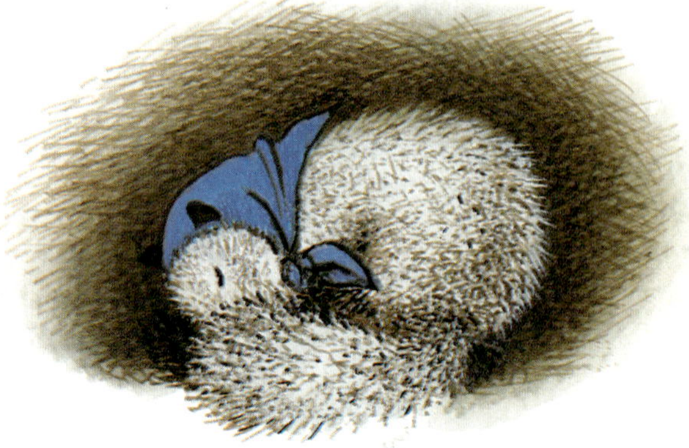

Als sich der Siebenschläfer und der Igel
auf den Heimweg machten, war es tiefe Nacht.
Der Mond leuchtete mild und rund am Himmel.
Und Bärchen träumte von den süßen Brombeeren
und hatte den Wolf schon fast vergessen.

CIP-Titelaufnahme der Deutschen Bibliothek

Muller, Gerda:
Das Flötenbärchen: eine gefühlvolle Freundschaftsgeschichte/
erzählt u. gemalt von Gerda Muller.
Dt. Textfassung von Hans Manz. – Ravensburg: Maier, 1990
ISBN 3-473-33520-7
NE: HST

3 2 1 92 91 90

Printed in Germany
ISBN 3-473-33520-7

Gerda Muller ist Holländerin.
Sie lebt seit vielen Jahren in Paris.
Dort hat sie viele Bilderbücher und Geschichten illustriert, die Kindern in Frankreich und bei uns Freude machen.

In unserem Bilderbuchprogramm sind erschienen:
Ein Halsband für Karamel
Piek, das Igelkind
beide aus der Reihe „Kinder erleben Tiere“.

Ein Garten für Kinder in der Stadt
Ich bin das kleine Kaninchen